COLLANA LEGGOIO

Adattamento da *Il libro del contento e dello scontento*
e da *Il libro dell'attento e dell'annoiato*

Prima edizione: 1990 (collana "Le storie di Gigi")
Terza edizione: marzo 2000

Progetto grafico: Simonetta Zuddas
Impaginazione: Composgraphic, Firenze - Simonetta Zuddas
Illustrazioni: Luisa Lorenzini
Redazione: Federico Gerace

Luisa Lorenzini

Oggi sono CONTENTo

GIUNTI

IO NON SONO SEMPRE UGUALE.
A VOLTE SONO CONTENTO E MI SCAPPA DA
RIDERE.

A VOLTE, INVECE, MI VIENE DA PIANGERE.

LELLA È LA MIA AMICA E GIOCHIAMO A FARCI IL SOLLETICO.

QUANDO LELLA FA COSÌ MI VIENE DA RIDERE.

OGGI PERÒ NON SONO CONTENTO.
ABBIAMO GIOCATO MALE…

E MI HA PERSO LA PALLA DELLA NONNA.

LELLA MI HA ANCHE DETTO

UNA BRUTTA PAROLA...

... E IO MI SONO DIMENTICATO DI FARE LA PIPÌ.
HO VERGOGNA DI DIRLO ALLA MAMMA.

QUANDO SONO COSÌ NON SONO CONTENTO.

MI PIACE MOLTISSIMO SGRANARE I PISELLI.

SOLO IO AIUTO LA MAMMA COSÌ BENE
E LEI È CONTENTA.

MARIO HA LE SCARPE NUOVE CON I CHIODINI
E VA A FARE LA PARTITA.

IO NO!

MARIO MI HA RITROVATO LA PALLA DELLA
NONNA, CHE AVEVO PERSO AI GIARDINI...

E MI LASCIA GIOCARE CON LA SUA MACCHININA
TELECOMANDATA.

MI È CADUTO IL GELATO E NON LO AVEVO
ANCORA MANGIATO.

HO TROVATO QUATTRO PALLINE DI VETRO NELLA
SABBIA DEI GIARDINETTI.

HO TANTI GIOCHINI DA FARE CON MARIO
E LUCIA, MA NON SO...

OGGI NON SO BENE SE SONO CONTENTO
OPPURE NO.

SONO CONTENTO QUANDO ARRIVA L'ESTATE
E PAPÀ COMPRA L'ANGURIA.

DOMENICA NE PORTA A CASA UNA GRANDE
COSÌ.

VADO IN MACCHINA CON PAPÀ!

PRIMA PAPÀ DICE DI SÌ E POI È NO.

SONO PRONTO PER ANDARE AI GIARDINETTI
CON LA MAMMA.

LEI PERÒ HA SEMPRE UN'ULTIMA COSA DA FARE
PRIMA DI USCIRE.

"UN ATTIMO DI PAZIENZA GIGI".

"ASPETTA ANCORA UN MOMENTO, DEVO
PREPARARE LUCIA".

LA ZIA HA
CHIAMATO
PROPRIO
ADESSO.

"UN ATTIMO, ORA
VEDIAMO SE ABBIAMO
IL PORTAFOGLIO,
LE CHIAVI E LA MELA
E POI POSSIAMO
ANDARE".

"SÌ... ECCO, TUTTO BENE!".

SE PERÒ
ARRIVA
LA SIGNORA
GIUSI E
COMINCIANO
A PARLARE
NON SI VA PIÙ.

40

FINALMENTE! AI GIARDINETTI CI SONO
GIACOMINO, LELLA E ALÌ CHE CI RACCONTA
SEMPRE DEGLI ANIMALI CHE VIVONO
NEL PAESE DEI SUOI GENITORI.

A SCUOLA
SONO CONTENTO QUANDO INCOLLO SULL'ALBUM

LE NUOVE FIGURINE DELLA NATURA DA SALVARE.

PERÒ QUANDO LA MAESTRA È AMMALATA

E FACCIAMO I SOLITI DISEGNINI MI STANCO.

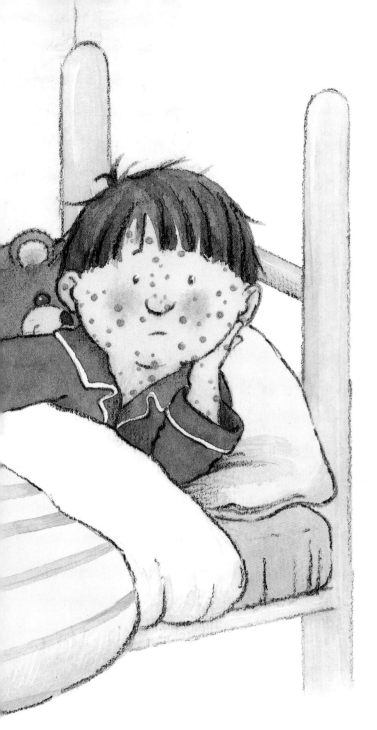

COME QUANDO HO AVUTO
IL MORBILLO E SONO STATO A LETTO CINQUE GIORNI.

O COME QUANDO VIENE A GIOCARE DIEGO-MARIA

CHE NON PUÒ SPORCARSI I VESTITI, POVERINO.

HO CAPITO: QUANDO NON
IMPARO NULLA MI STANCO
E NON SONO CONTENTO.

CON MARIO, CHE MI SPIEGA TUTTO PERCHÈ
È MIO FRATELLO GRANDE E VA
ALLE ELEMENTARI, NON MI STANCO MAI.

ANCHE QUANDO MI FA GIOCARE IN PORTA CON
LA SUA SQUADRA E DEVO STARE ATTENTISSIMO
ALTRIMENTI MI SGRIDANO E HO ANCHE UN PO'
DI PAURA.

CHE BELLO QUANDO AIUTIAMO PAPÀ

AD AGGIUSTARE LE COSE.

O QUANDO MI RACCONTA LE COSE

CHE SA SOLO LUI.

LA SERA PAPÀ FA IL CAVALLONE CON ME,

MARIO LO FA CON LUCIA... E RIDIAMO TUTTI.